BEI GRIN MACHT SICH IHR
WISSEN BEZAHLT

- Wir veröffentlichen Ihre Hausarbeit,
  Bachelor- und Masterarbeit

- Ihr eigenes eBook und Buch -
  weltweit in allen wichtigen Shops

- Verdienen Sie an jedem Verkauf

Jetzt bei www.GRIN.com hochladen und kostenlos publizieren

Luca Brandt

"Passagen und Stationen" von Kaspar von Greyerz. Eine kritische Analyse

GRIN Verlag

Bibliografische Information der Deutschen Nationalbibliothek:

Die Deutsche Bibliothek verzeichnet diese Publikation in der Deutschen National-
bibliografie; detaillierte bibliografische Daten sind im Internet über http://dnb.d-
nb.de/ abrufbar.

Impressum:

Copyright © 2013 GRIN Verlag GmbH
Druck und Bindung: Books on Demand GmbH, Norderstedt Germany
ISBN: 978-3-656-64800-0

Dieses Buch bei GRIN:

http://www.grin.com/de/e-book/273127/passagen-und-stationen-von-kaspar-von-
greyerz-eine-kritische-analyse

GRIN - Your knowledge has value

Der GRIN Verlag publiziert seit 1998 wissenschaftliche Arbeiten von Studenten, Hochschullehrern und anderen Akademikern als eBook und gedrucktes Buch. Die Verlagswebsite www.grin.com ist die ideale Plattform zur Veröffentlichung von Hausarbeiten, Abschlussarbeiten, wissenschaftlichen Aufsätzen, Dissertationen und Fachbüchern.

Besuchen Sie uns im Internet:

http://www.grin.com/

http://www.facebook.com/grincom

http://www.twitter.com/grin_com

Kaspar von Greyerz: Passagen und Stationen. Lebensstufen zwischen Mittelalter und Moderne. Göttingen 2010.

Einleitung

Die zu analysierende Monographie „Passagen und Stationen. Lebensstufen zwischen Mittelalter und Moderne"[1] von Kaspar von Greyerz, erschienen im Jahre 2010, behandelt die Wahrnehmung und die Bedeutung von Lebensstufen in der Frühen Neuzeit[2] sowie die Übergangsriten zwischen den einzelnen Stufen. Darüber hinaus legt sie die normativen wie sozialen Grundlagen dar, welche für diese entscheidend sind.

Der Autor Kaspar von Greyerz ist ein renommierter Baseler Historiker, dessen Hauptinteresse in der Erforschung und Edition von Selbstzeugnissen liegt. Neben diversen Publikationen zur Religions- und Kulturgeschichte, insbesondere zu Themen der Frühen Neuzeit im englischen wie im deutschsprachigen Raum, ist er für die Edition einer großen Selbstzeugnisdatenbank im Internet verantwortlich.

Im Folgenden sollen nun zunächst Ziel und Zweck der Monographie sowie der historiographische Ansatz beschrieben werden, welcher ihr zugrunde liegt. Des Weiteren werden der allgemeine Aufbau wie auch der konkrete Inhalt und die verwendeten Quellen untersucht werden, genauso wie exemplarisch die Methode der Quellenarbeit des Autors beleuchtet werden soll. Abschließend erfolgt eine Einschätzung über die Qualität und den wissenschaftlichen Gewinn der Studie.

Ziel und Thema, Quellen

Von Greyerz stellt seine verwendeten Quellen sehr ausführlich vor. Demnach habe er vor allen Dingen auf Selbstzeugnisse aus dem deutschsprachigen Raum zurückgegriffen sowie „zu Vergleichszwecken […] einschlägige Untersuchungen zu Frankreich und einzelne französische Quellen herangezogen"[3]. Darüber hinaus weist er darauf hin, dass die Zahl von Selbstzeugnissen allein im deutschsprachigen Raum unüberschaubar und seine Studie zu breit angelegt sei, um im großen Maße nicht edierte Quellen zu berücksichtigen, weswegen er dieser nur drei verwendet habe.[4] Auch fällt auf, dass er oftmals ältere Quelleneditionen vorzieht, da manche „neuere Editionen unbrauchbar"[5]

---

[1] Kaspar von Greyerz: Passagen und Stationen. Lebensstufen zwischen Mittelalter und Moderne. Göttingen 2010.
[2] Der Autor fasst die Frühe Neuzeit hier ungefähr als Zeitraum zwischen 1500 und 1800.
[3] Von Greyerz. S. 41.
[4] Ebd. S. 42.
[5] Ebd. S. 41.

seien, während jene oft keine „hundertprozentig verlässliche Textwiedergabe"[6] böten, es sich jedoch mit ihnen „geschichtswissenschaftlich arbeiten"[7] ließe.

Enumerierend führt der Autor die Art seiner Quellen sowie das Milieu der Verfasser auf. Der Leser erfährt, dass 44 Selbstzeugnisse Verwendung gefunden haben, wovon acht von Frauen stammten. Diese Unterrepräsentation „erklärt sich aus ihrer Seltenheit in Bezug auf das 16. und 17. Jahrhundert"[8]. Weiterhin entstammten 32 der Selbstzeugnisse aus einem städtischen Milieu, die übrigen zwölf vom Lande. Auch findet sich eine interessante Differenzierung nach dem religiösen Kontext. Demnach stamme die überwältigende Mehrzahl der nachreformatorischen Texte aus protestantischer Feder, lediglich fünf katholische sowie ein jüdisches Selbstzeugnis fanden Verwendung.[9] Neben Selbstzeugnissen politisch- und kulturgeschichtlich unbedeutender Personen finden sich auch in geringem Maße Auszüge aus Schriften wichtiger Literaten und Philosophen sowie darüber hinaus eine Anzahl normativer Quellen.

Auch wichtig anzuführen ist, dass sich die Quellenarbeit des Autors keineswegs auf schriftliche Quellen erschöpft, sondern auch 32 Abbildungen in den Text integriert sind, die nicht nur zur Illustration sondern auch zur Interpretation dienen.

Was die Sekundärliteratur angeht, so räumt von Greyerz ein, dass sein Themenfeld zu breit gewählt sei, um sich mit dieser ausführlichst auseinanderzusetzen, wenngleich er sie, besonders in wichtigen Einzelfällen, durchaus berücksichtigt habe. Im Vordergrund jedoch „steht die Darstellung und Analyse von Quellentexten"[10]. Hiermit sind wir bei der Frage angelangt, was denn eigentlich das Thema der vorliegenden Monographie sei?

Wie Andreas Suter in seiner Rezension zum Buch feststellt, geht es von Greyerz darum, die „Ergebnisse zahlreicher Arbeiten, die er und seine Schüler/innen neben Anderen [sic] auf dem Gebiet der Selbstzeugnisforschung der Frühen Neuzeit geleistet haben", zusammenzufassen.[11] Auch interessant scheint Robert Seidels Einschätzung, dass die „Lebensstufen" im Titel sowie das Bild des Einbandes, namentlich das Gemälde *Die*

---

[6] Ebd. S. 43 f.
[7] Ebd.
[8] Ebd.
[9] Ebd.
[10] Ebd. S. 45.
[11] Andreas Suter: Rezension zu: Kaspar von Greyerz: Passagen und Stationen. Lebensstufen zwischen Mittelalter und Moderne. Göttingen 2010, in: H-Soz-u-Kult, 11.11.2010 URL: http://hsozkult.geschichte.hu-berlin.de/rezensionen/2010-4-106 (Zugriff: 24.09.2013 20.45).

4

sieben Lebensalter des Weibes, „den Eindruck [erwecken], als gehe es in der neuen Monographie des Basler Frühneuzeithistorikers Kaspar von Greyerz in erster Linie um die vergleichende Wertung der verschiedenen Lebensalter durch die Zeitgenossen"[12], während das Hauptziel doch darin bestünde, „das von Arnold van Gennep entwickelte und von Victor Turner und anderen weiter verfolgte Modell der ‚rites de passage' (Übergangsriten) auf die Strukturen des frühneuzeitlichen Alltagslebens anzuwenden"[13].

Von Greyerz selbst sieht sein Ziel darin, einen neue[n] Blick auf nur zum Teil Bekanntes"[14] zu werfen, was sich in der breit angelegten Art der Studie, welche sich auf vorwiegend edierte Quellen stützt, sowie in der übersichthaften Präsentation von Grundlagenwissen über die sozialen, normativen und auch demographischen Hintergründe ausdrückt. Somit handelt es sich nicht um eine Detailstudie im engeren Sinne, welche eine bestimmte These beweisen oder einen konkreten Fall untersuchen möchte, sondern vielmehr um eine Synthese der Ergebnisse der frühneuzeitlichen Selbstzeugnisforschung „von der Wiege bis zur Bahre"[15]. Diese strebe der Verfasser besonders deshalb an, weil eine solche, mit Ausnahme der Dissertation von Sünje Prühlen, noch nicht versucht worden sei. Seine Arbeit grenze sich darüber hinaus von Prühlens Studie insofern ab, als dass von Greyerz eine geographisch weit umfassendere Quellengrundlage gewählt habe. Auf den genauen Aufbau und die gewichtigsten inhaltlichen Feststellungen werden wir im nächsten Kapitel eingehen. Hier sei zunächst abschließend noch der historiographische Ansatz näher untersucht.

Der Autor weist nämlich ausdrücklich darauf hin, dass „[in] der historischen Selbstzeugnisforschung der 1980er und noch der frühen 1990er Jahre […] der Einfluss der Strukturgeschichte sowie der quantifizierenden Geschichte"[16] nachgewirkt habe, während es heute darum gehen müsse „stärker hermeneutisch"[17] zu arbeiten, dergestalt, dass „einzelne Textaussagen viel eingehender im Kontext des jeweiligen Gesamttextes in ihrem Aussagewert"[18] zu beurteilen seien. Aus dieser Feststellung zieht der Autor

---

[12] Robert Seidel: Dem eigenen Leben eine Struktur geben. Lebensphasen der Frühen Neuzeit im Spiegel autobiographischer Dokumente. Rezension zu: Kaspar von
Greyerz: Passagen und Stationen. Lebensstufen zwischen Mittelalter und Moderne. Göttingen 2010, in IASLonline, 05.10.2010 URL:
http://www.iaslonline.lmu.de/index.php?vorgang_id=3294 (Zugriff: 26.09.2013 20.46).
[13] Ebd.
[14] Von Greyerz: S. 45.
[15] Ebd.
[16] Von Greyerz: S. 44.
[17] Ebd.
[18] Ebd.

den methodologischen Schluss „längere Zitate aus Selbstzeugnissen in den Text"[19] einzuflechten, diene der Verhinderung von „aus dem Kontext gerissenen ‚Versatzstücken'" und ermögliche „dem Aussagewert im weiteren Sinne gerecht zu werden, und damit auch der Textualität dieser Quellengattung"[20]. Auch sei er als Selbstzeugnisforscher Exponent einer „akteurzentrierten"[21] Historiographie. Allerdings verwehre er sich dagegen, „eine primär mikrohistorische Herangehensweise gegen eine makrohistorische ausspielen zu wollen", gerade weil „Selbstzeugnisse immer nur eine vielfältig gebrochene, weil inhaltlich selektive und sprachlich domestizierte individuelle und kollektive ‚Erfahrungsgeschichte' bieten können"[22].

Aufbau und Inhalt, Quellenarbeit und andere Aspekte

Im Folgenden wird der Aufbau der Studie sowie die allgemeine Vorgehensweise des Autors skizziert. Anschließend werden wir den Inhalt zusammenfassen und insbesondere einige bedeutendere Aspekte genauer untersuchen sowie die Quellenarbeit des Autors exemplarisch beschreiben.

Nach einem kurzen Vorwort des Verfassers, in welchem er darauf hinweist, dass „dieses Buch […] aus [seiner] langjährigen Beschäftigung mit Selbstzeugnissen des 15. bis 19. Jahrhunderts"[23] hervorgehe, schließt sich eine längere Einführung an, die mit immerhin 38 Seiten ungefähr ein Sechstel des Fließtextes ausmacht. Sie gliedert sich in vier Unterkapitel, namentlich in „Lebensstufen in der Vormoderne", „Ehe, Familie, Haus", „Demographische Rahmenbedingungen" und „Quellen". Diese Einführung leistet vor allen Dingen die bereits oben angesprochenen normativen und sozialen Grundlagen zu erläutern, die für das Verständnis der eigentlichen Studie sowie der verwendeten Selbstzeugnisse hilfreich, wenn nicht sogar notwendig, sind. Diese Vorgehensweise unterstreicht wiederum den synthetischen Charakter der Arbeit, die durch die breite Anlage nicht nur für Spezialisten auf diesem Gebiete verständlich ist, sondern sich auch Laien der Selbstzeugnisforschung erschließt. Darüber hinaus findet sich unter „Quellen" eine erfreund ehrliche und präzise Offenlegung der verwendeten Primärquellen sowie Angaben über den Umgang mit Sekundärliteratur. Außerdem äußert sich von Greyerz in

---

[19] Ebd.
[20] Ebd.
[21] Ebd.
[22] Ebd.
[23] Ebd. S.7.

diesem Abschnitt über seine Ansichten zur anthropologischen Historiographie sowie deren wünschenswerte zukünftigen Forschungsinteressen, wie sie im vorangegangenen Kapitel bereits dargelegt wurden. Nun folgt die eigentliche Untersuchung, deren Kapitel sich an den Lebensstufen bzw. eben jenen „Passagen und Stationen" orientieren. Folgerichtig beginnt der Autor mit „Geburt und Taufe", welchen auch aufgrund der Implikationen für die Mutter bzw. der Eltern ein eigenes Kapitel zugestanden wird. Dann folgt die „Kindheit" mit den Unterkapiteln „Häusliche Erziehung und Spiel" und „Kindheit und Jugend: Schule". Dem schließen sich die Kapitel „Die Jugend und ihre Rituale", „Gesellenzeit und Studium" sowie „Verlobung und Heirat" an. Den Umständen in „Ehe, Haushalt und Familie" mit den beiden Unterkapiteln „Die Ehe" sowie „Haushalt und Familie" folgen abschließend die Kapitel „Das Alter" und „Der Tod". Von Greyerz beendet sein Buch mit einem abschließenden Fazit im Kapitel „Schluss". Dem folgen die „Anmerkungen" sowie der „Anhang".

Wenn man nun den Inhalt näher betrachtet, so stellt man fest, dass gerade das erste Unterkapitel der Einführung „Lebensstufen in der Vormoderne" wichtige grundlegende Erkenntnisse über Lebensstufenmodelle und Übergangsriten beschreibt, die auch für die weitere Untersuchung grundlegend sind. Demnach gebe es vor allen Dingen zwei Lebensaltertheorien, namentlich eine auf sieben Jahre basierende und eine auf zehn Jahre basierende. Erstere habe eine existenzielle Bedeutung für viele Menschen der Frühen Neuzeit gehabt, während Letztere eher ein theoretisches Konstrukt sei, welches vorwiegend in „popularliterarischen Spruchweisheiten"[24] ihren folkloristischen Charakter entfaltet habe. „Die Repräsentationen von Sieben-Jahres-Lebensstufen lassen sich im Sinne des Ethnologen Arnold van Gennep als ‚rites de marge', als Schwellenriten bezeichnen"[25]. Der Verfasser geht in dem Kapitel „Gesellenzeit und Studium" genauer auf diese Schwellenriten sowie die „rites de passage" allgemein ein.

„Van Gennep hat dabei drei Formen von rites de passage voneinander unterschieden: rites de séparation (Trennungsriten); rites de marges (Schwellen- und Umwandlungsriten) und rites d'agrégation (Angliederungsriten). Übergangsriten erfolgen also, so van Gennep, ‚theoretisch zumindest, in drei

---

[24] Ebd. S.12.
[25] Ebd. S.12.

Schritten: Trennungsriten kennzeichnen die Ablösungsphase, Schwellen- bzw. Umwandlungsriten die Zwischenphase [...] und Angliederungsriten die Integrationsphase."[26]

Besonders die „rites de marge", die von Victor Turner als „liminal[er] Zustand bezeichnet"[27] wurden, fänden sich laut von Greyerz in der Gesellen- und auch der Studienzeit wieder. Die Liminalität sei an mehreren Faktoren festzumachen, namentlich an dem Umstand, dass der Übergang zum Erwachsenen erst durch das Heiraten erfolgen könne, was den Gesellen allerdings untersagt gewesen sei. Ebenso den Studenten, welche auch dazu angehalten worden seien, zunächst das Studium zu beenden. Während der Übergangsphase existiere für diese Gruppen eine gewisse Unsicherheit. Beide Milieus zeichneten sich durch eine extrem verbreitete Gewaltkultur aus, welche sich in partiell barbarischen Ritualen auslebte.[28] Diese könnte ihre Begründung in eben jener Unsicherheit haben. Gleichwohl muss man betonen, dass sowohl Studenten als auch Gesellen in „regelmäßige Raufereien und Schlägereien"[29] verwickelt worden seien, die Studenten allerdings ein sozial wesentlich höher gestelltes Leben führten, welches diverse Bequemlichkeiten mit sich gebracht habe, weswegen der beiden Situation nicht vollständig gleichzusetzen sei, die Gemeinsamkeiten aber eben in jener durch die Liminalität verursachte Unsicherheit. Demnach handele es sich bei diesen Riten und Ritualen um eine Substitution für die fehlende gesellschaftliche Sicherheit, die in dieser zweiten Phase, d.h. in der Übergangsphase, virulent sei.[30]

Vor allem im Schlussteil werden die Begriffe der Liminalität sowie der Lebensphasen und -stufen noch einmal genauer beleuchtet, während sie über weite Strecken „eher vorausgesetzt als tatsächlich in ihrer Diskursivität untersucht"[31] werden. So habe die Abfolge einzelner Lebensstufen die Menschen schon seit der Antike oft beschäftigt, was aus den überlieferten Lebensstufenmodellen abzuleiten sei. Auch müsse man sich klarmachen, dass „Lebensstufen in der Vormoderne viel stärker als in der uns vertrauten modernen Welt mit Ritualen und zwischen ihnen mit Phasen der Liminalität verbunden" gewesen seien.[32] Am deutlichsten sei das bei der Gesellen- und Studienzeit zu erkennen, da „die endgültige Integration in die Gesellschaft der Erwachsenen" erst nach einer

---

[26] Ebd. S. 123.
[27] Ebd.
[28] Ebd. S. 125 ff.
[29] Ebd. S. 133.
[30] Ebd. S. 123 ff.
[31] Achim Landwehr: Rezension zu: Kaspar von Greyerz: Passagen und Stationen. Lebensstufen zwischen Mittelalter und Moderne, Göttingen 2010, in: sehepunkte 10 (2010), Nr. 9 [15.09.2010], URL: http://www.sehepunkte.de/2010/09/17927.html (Zugriff: 24.09.2013 20.48).
[32] Von Greyerz. S. 233.

8

durch „die Regeln des erlernten Handwerks" bestimmten Wanderzeit bzw. nach Beendigung des Studiums erfolgte.[33] Weiterhin könne man im Wesentlichen „zwei Varianten von Liminalität unterscheiden, wovon die zweite spezifisch vormodern ist".[34] Die erste beziehe sich auf den Übergangsstatus von Gesellen und Studenten „zwischen dem Lehrlings- und Lateinschülerstadium und der Lebensphasen eines verheirateten erwachsenen Mannes", während die zweite „die religiös untermauerten Vorstellungen des Schwellenzustandes von Wöchnerinnen und Sterbenden" betreffe.[35] Während die erste Variante die Frühe Neuzeit überlebt habe, sei die zweite verschwunden. An dieser Stelle bietet es sich an, auf zwei weitere ausführlicher behandelte Inhalte zu sprechen zu kommen, nämlich auf die schwangeren Frauen sowie die sterbenden Greise.

Die Frauen befänden sich als Wöchnerinnen „in doppelter Hinsicht in einem liminalen Zustand".[36] Zum einen hätten sie ausschließlich Kontakt zu anderen Frauen, nicht einmal der Ehemann oder anderen Verwandten sei der Zugang gestattet. Auch das Kind sehe der Vater zum ersten Mal einige Wochen oder gar Monate nach der Geburt, wenn die Mutter wieder in die Gesellschaft aufgenommen worden sei. Diese Wiederaufnahme erfolge oft mithilfe von Ritualen, wie dem zeremoniellen Kirchgang. An dieser Stelle tritt die methodische Vorgehensweise des Autors wieder zum Vorschein, die stets darum bemüht ist, die religiösen Differenzen in der nachreformatorischen Zeit deutlich zu machen, auch unter besonderer Berücksichtigung der geographischen Unterschiede.[37] So finde jener Kirchgang bei den Lutheranern in Deutschland sehr wohl statt, während er im Schweizer Raum nicht verbreitet sei. Auch auf die durch soziale und materielle Umstände bedingten Unterschiede in der Länge der weiblichen Isolation geht er ein. Demnach könne man allgemein konstatieren, dass ärmere Frauen bzw. Frauen aus ärmeren Haushalten, sich wieder früher in die Gemeinschaft integrierten, um durch die Unterstützung des Mannes zur Versorgung der Familie beizutragen.[38] Neben den eigentlichen Umständen der Geburt, wie sie sich für das Kind und die Mutter darstellen, präsentiert von Greyerz viele Informationen über Tod- und Frühgeburten sowie Taufgewohnheiten. Darunter finden sich beinahe obskurantistisch anmutende

---

[33] Ebd. S. 235.
[34] Ebd. S. 236.
[35] Ebd.
[36] Ebd. S. 47.
[37] Eine ähnliche Vorgehensweise ist zum Beispiel für die Ehevorstellungen, die Heiratsgewohnheiten, die Art und Qualität des Schulunterrichts, die Taufe und andere Bereiche zu erkennen, welche meistens in Relation zum religiösen Milieu beschrieben werden.
[38] Von Greyerz. S. 49 ff.

9

Beerdigungsriten, die dem verstorbenen Säugling eine postmortale Taufe ermöglichen sollten.[39] Dies illustriert erneut die Breite und den synoptischen Charakter der Studie.

Ähnlich verhält es sich wenn von Greyerz auf die Greise und den Tod zu sprechen kommt. Am Beispiel des Alters und des Todes kann man darüber hinaus gut die Art der Quellenarbeit bzw. der Integration der Quellen in den Text und deren Interpretation erkennen, besonders der Bildquellen, welche nicht nur veranschaulichenden sondern auch die Analyse tragenden Charakter aufweisen. An mehreren Stellen im Buch diskutiert der Autor den Blick der Zeitgenossen auf das Alter. So setzt er - um nur ein Beispiel für die vielfältige Verwendung der Bildquellen zu nennen - der Theorie, die Frühe Neuzeit habe spöttisch auf das Alter gesehen, die aus einigen Spruchweisheiten abgeleitet wurden[40], ein Bild Albrecht Dürers entgegen, welches von „Respekt für das außergewöhnliche Alter des Mannes" zeuge.[41] Manche Bilder dienen allerdings tatsächlich nur der Illustration, was allerdings oft eine beeindruckende Veranschaulichung ermöglicht, wie beispielsweise die Radierung von Hans Heinrich Glaser über die Pest[42], welche die Schrecken der Epidemie und den Eindruck, den sie auf den Künstler gemacht haben, greifbar machen. Was nun das Thema des Todes selbst angeht, so ist wichtig zu betonen, dass die frühneuzeitlichen Menschen auf einen „sanfte[n] und einen geduldigen Tod" gehofft hätten, der ihnen eine Vorbereitung auf das Ende in dieser Welt ermöglichte.[43]

Insgesamt lasse sich der Übergang zwischen den Lebensphasen nicht immer klar auf einen Zeitpunkt festlegen. So sei das Heiraten an und für sich ein Übergangsritual zwischen den Lebensphasen „Jugend" und „Erwachsensein", während beispielsweise der Übergang vom Kind zum Jugendlichen fließend stattfinde, wenngleich ritualisierte Gruppenzugehörigkeit in Knaben- und Burschenschaften oft als notwendig angesehen worden sei.[44]

---

[39] Ebd.

[40] Es handelt sich hierbei um Spruchweisheiten, die auf dem 10-Jahre System der Lebensalter beruhen. Sehr überzeugend widerlegt von Greyerz den Realitätsbezug dieser populären Sprüchchen unter anderem dadurch, dass er darauf verweist, dass die Lebenserwartung sehr niedrig gewesen sei, weshalb kaum ein Mensch je das 90. oder gar das 100. Lebensjahr erreicht habe.

[41] Von Greyerz. S. 14.

[42] Ebd. S. 215 (Abbildung 30).

[43] Ebd. S. 219.

[44] Ebd. S. 86 f.

Ein weiterer Punkt, den von Greyerz recht ausführlich behandelt, betrifft den Haushalt. Demnach gebe es „drei Beziehungsebenen"[45] in frühneuzeitlichen Haushalten: die „societas coningales", die societas parentalis" und die societeas herilis", d.h. die eheliche Gemeinschaft, die Gemeinschaft von Eltern und Kind sowie die zwischen Hausherren und Gesinde.[46] Die letztere sei spannungsanfällig, da die Hausmutter Kontrolle über die Mägde auszuüben hatte, diese aber oft zu widerstehen suchten. Gleichzeitig gebe es aber auch zahlreiche Fälle, in denen ein äußerst loyales und freundliches Verhältnis bestanden habe.[47]

Neben der Verfolgung seines Hauptinteresses, namentlich der `Passagen und Stationen`, der Liminalität, der Übergänge und Riten usw. finden sich allerdings auch diverse Exkurse, Präsentationen von Forschungsergebnissen, kompendienartige allgemeine sozialhistorische Abrisse und demographische Informationen. So ist an recht prominenter Stelle, nämlich zu Beginn des Kapitels, das die letzte Lebensstufe, „Das Alter", behandelt, ein Exkurs über den „Zusammenhang von Humanismus und Reformation" eingefügt. Dieser mag als Exempel für diverse kleinere Abschweifungen und Abhandlungen dienen, die das eigentliche Hauptthema nur indirekt berühren.

Darüber hinaus äußert er sich zu diversen Forschungskontroversen und mischt sich in Diskussionen zu Spezialfragen ein. Nicht immer vertritt er eine klare Position, sondern referiert oft nur Art und Inhalt der von unterschiedlichen Forschern vertretenen Meinung. Beispielhaft sei hier die Diskussion über die „schwarze" und die „weiße Legende" angeführt, in der über die „Kindheit als eigenständige Lebensphase" diskutiert wird. Vertreter der ersteren Meinung, gingen demnach nicht von einer tatsächlichen Kindheitsphase aus, sondern vertraten die Auffassung, dass Kinder als „'kleine Erwachsene'" behandelt worden seien. Verfechter der Gegenseite sähen dagegen die Existenz einer solchen Phase als wahrscheinlich an.

Wie weiter oben bereits angedeutet folgen auf den Schlussteil der Anmerkungsapparat sowie ein Anhang. Die Anmerkungen sind äußerst reichhaltig und bieten neben den Literaturnachweisen unzählige Verweise auf weiterführende und ergänzende Literatur, die den interessierten Leser zum Stöbern einladen und ihm die Suche erleichtern. Sogar

---

[45] Ebd. S. 190.
[46] Ebd. S. 190ff.
[47] Ebd.

eine humorvolle Selbstkritik des Verfassers findet in den Anmerkungen Platz.[48] Wobei wir auch schon bei der Frage angelangt sind, worin denn der Wert oder Unwert dieser Studie bestehe.

Kritik und Fazit

Zunächst ist festzuhalten, dass die stringent durchgehaltene und durchaus innovative Vorgehensweise des Autors, lange Auszüge aus den Quellen direkt in den Text einfließen zu lassen, sowohl ein Hauptvaleurs als auch ein Hauptnachteil der Arbeit darstellt. Einerseits bieten die Zitate dem Leser sowohl die Möglichkeit besonders interessante und aussagekräftige Selbstzeugnisse im Kontext wahrzunehmen, die gerade dem Laien anderenfalls nicht bekannt werden würden, als auch die Ergebnisse der Quellenanalyse des Verfassers und die Schlüsse, die er aus ihnen zieht, besser nachzuvollziehen als wenn ihm nur bruchstückhafte Auszüge präsentiert worden wären. Der Nachteil besteht freilich darin, dass viele, wenn nicht die meisten, Leser gerade mit den frühneuhochdeutschen Auszügen erhebliche Verständnisprobleme haben und ihnen somit keinen Erkenntnisgewinn bieten oder für sie auch nur interessant sein können. Vielmehr stören sie den Lesefluss arg. Da man sie im Zweifel auch auslassen kann und viele lange Zitate durchaus verständlich und interessant sind, ist diese Vorgehensweise dennoch prinzipiell zu begrüßen. Des Weiteren scheint die Auswahl sowohl der Selbstzeugnisse als auch der Bildquellen sehr gelungen, da sie sich meistens effizient in die Struktur des Textes einfügen und gleichzeitig eine breite Spannweite von Verfassern und Künstlern abdecken. Besonders hervorzuheben sind auch die unterstützenden literar-philosophischen Quellen, namentlich Autoren wie Georg Forster, Thomas Hobbes oder Erasmus von Rotterdam.

Eine zweite und deutlich schwerwiegendere Schwäche des Buches besteht im Überstrapazieren der zentralen Begriffe, namentlich der „rites de passage" mit ihren Unterformen sowie Turners Terminus der „Liminalität". Mit Olaf Richter kann man fragen,

„[w]elcher zusätzliche Erklärungsgehalt [denn] etwa mit der Aussage verbunden [ist], dass sich Sterbende in ‚einem ausgeprägt liminalen Zustand' befinden, wenn festgestellt werden kann, dass sie nun einmal dabei sind, die Welt zu verlassen und sich damit der Erfahrungs- und Begriffswelt der Weiterlebenden

---

[48] Vgl. S. 246 (Anmerkung 150).

entziehen werden und bei diesem Übergang - entsprechend der ars moriendi-Literatur - stark teuflischen Anfechtungen ausgesetzt sein mögen"?[49]

Auch schweben diese Begriffe in fast allen Kapiteln des Buches mit, nur werden sie leider nicht konsequent angewandt, sondern tauchen lediglich hier und da auf, werden aber vorwiegend, wie oben beschrieben, in der Einführung und dem Schluss expliziert. Dieser negative Beigeschmack scheint allerdings der Tatsache geschuldet, dass von Greyerz das Ziel seiner Arbeit nur unzureichend benennt. Er sagt zwar, er werfe „ein[en] neu[en] Blick auf nur zum Teil Bekanntes"[50], erweckt gleichwohl durch den Titel, durch das Titelbild und durch das Rekurrieren auf das Gennepsche und Turnersche Vokabular den Eindruck, als gehe es ihm vorwiegend „um die vergleichende Wertung der verschiedenen Lebensalter durch die Zeitgenossen"[51] und die konsequente Anwendung eben jener Termini auf die frühneuzeitliche Selbstzeugnisforschung. Der Autor hätte also deutlicher darauf hinweisen sollen, dass es ihm tatsächlich um eine Synthese geht, die all die oben beschriebenen Aspekte mit großer Ausführlichkeit und unerschöpflicher Detailtreue darstellt und zusammenfasst.

Ein weiterer, als ambivalent zu beschreibender, Umstand, der mit dem gerade Beschriebenen in Verbindung steht, ist die Tatsache, dass der Verfasser zu mehr oder weniger ausführlichen Exkursen neigt, die zwar meistens interessant sind, leider aber oft der Stringenz des Gesamtwerkes schaden.

Da selbst kein Experte auf dem Gebiete der Selbstzeugnisforschung, kann ich nur grob einschätzen in wieweit es von Greyerz gelungen ist, tatsächlich „ein[en] neu[en] Blick auf nur zum Teil Bekanntes"[52] zu werfen und dieses Bekannte treffend zusammenzufassen. Glaubt man Andreas Suters Feststellung, dass, entgegen der Behauptung des Autors, die „Rolle von selbstständig agierenden Kaufmannsfrauen des 17. und 18. Jahrhunderts"[53] doch schon in einer Studie von Susanne Schötz erforscht worden sei, legt das immerhin den Verdacht nahe, dass das Gebiet, welches von Greyerz zur Zusammenfassung erwählt hat, vielleicht doch etwas zu groß gewesen sein

---

[49] Olaf Richter: Rezension zu: Kaspar von Greyerz, Passagen und Stationen. Le-bensstufen zwischen Mittelalter und Moderne. Göttingen 2010, in: sehepunkte 11 (2011), Nr. 9 [15.09.2011], URL: http://www.sehepunkte.de/2011/09/17701.html (Zugriff: 26.09.2013 20.45).
[50] Von Greyerz. S. 45.
[51] Seidel.
[52] Von Greyerz. S. 45.
[53] Ebd. S. 183.

könnte.[54] Allerdings scheint es wahrscheinlicher, dass es für den Autor weder notwendig noch sinnvoll war sich in die kleinsten Untergebiete des Themas einzuarbeiten und er deswegen zu dieser kleinen Fehleinschätzung gelangt ist. Außer Frage steht jedenfalls, dass Selbstzeugnisse zu den wichtigsten Quellen für die Genealogie sowie für die historische Anthropologie zählen und eine solche hintergrundsreiche Zusammenfassung des Forschungsstandes auf jeden Fall ein hohes Verdienst ist.[55]

Von Greyerz ist sich darüber hinaus jederzeit auch den Gefahren seiner untersuchten Texte bewusst. Zum einen warnt er davor, unseren modernen Blick in die Vormoderne zu projizieren, zum anderen beschreibt er die Tücken von autobiographischen Quellen.[56] Beispielsweise weist er bei den oben beschriebenen Haushaltsabhängigkeiten darauf hin, dass der „Aussagewert von Selbstzeugnissen in dieser Hinsicht [in Hinsicht auf die verstorbenen Frauen, D.H.] mit Vorsicht zu beurteilen" sei, da diese Texte zu hagiographischen Überhöhungen neigten.[57] Sünje Prühlen weist in ihrer bereits erwähnten Dissertation darauf hin, dass „[d]ie Möglichkeit, in den Quellen Antworten auf historische Fragestellungen zu finden", von den Autoren selbst bestimmt werde.[58] Dieser Tatsache ist der Verfasser gewahr und bewegt sich folgerichtig im Rahmen dieser Interpretationsmöglichkeiten.

Abschließend festzuhalten bleibt, dass von Greyerz eine gute Verbindung von Mikro- und Makrogeschichte gelungen ist, die in gut verständlicher, gleichwohl anspruchsvoller Sprache, ausführliche Quellenanalyse, tiefgehende Erläuterungen und umfassende Hintergründe bietet, woraus ein kongruentes und stimmenreiches Gesamtbild entsteht.

---

[54] Suter.

[55] Vergleiche dazu: Eckart Henning, Selbstzeugnisse. Quellenwert und Quellenkritik. Berlin 2012. Vor allem S.28-41.

[56] Über Raum und Standortprobleme auch interessant: Andreas Bähr / Peter Burschel / Gabriele Jancke (Hrsg.): Räume des Selbst. Selbstzeugnisforschung transkulturell. Köln, Weimar, Wien, Böhlau 2007. Hier vor allem S. 8ff.

[57] Von Greyerz. S.191.

[58] Sünje Prühlen: „alse sunst hir gebruchlich is". Eine Annäherung an das spätmittelalterliche und frühneuzeitlicheAlltags- und Familienleben anhand der Selbstzeugnisse der Familien Brandis in Hildesheim ind Moller und Hamburg. (Selbstzeugnisse des Mittelalters und der beginnenden Neuzeit Band 3), Bochum 2005.

Literaturverzeichnis

Andreas Bähr / Peter Burschel / Gabriele Jancke (Hrsg.): Räume des Selbst. Selbstzeugnissforschung transkulturell. Köln, Weimar, Wien, Böhlau 2007.

Arnold van Gennep: The Rites of Passage, übersetzt von: Monika B. Vizedom und Gabrielle L. Caffee. Chicago 1960.

Kaspar von Greyerz: Passagen und Stationen. Lebensstufen zwischen Mittelalter und Moderne. Göttingen 2010.

Eckart Henning: Selbstzeugnisse. Quellenwert und Quellenkritik. Berlin 2012.

Horst Knospe: Art. Gennep, Arnold van, in: Internationales Soziologenlexikon, Bd.1 1980. S.142.

Achim Landwehr: Rezension zu: Kaspar von Greyerz: Passagen und Stationen. Lebensstufen zwischen Mittelalter und Moderne, Göttingen 2010, in: sehepunkte 10(2010),Nr.9[15.09.2010], URL: http://www.sehepunkte.de/2010/09/17927.html (Zugriff: 24.09.2013 20.48).

Sünje Prühlen: „alse sunst hir gebruchlich is". Eine Annäherung an das spätmittelalter- liche und frühneuzeitliche Alltags- und Familienleben anhand der Selbstzeugnisse der Familien Brandis in Hildesheim und Moller in Hamburg. (Selbstzeugnisse des Mittel- alters und der beginnenden Neuzeit Band 3). Bochum 2005.

Olaf Richter: Rezension zu: Kaspar von Greyerz, Passagen und Stationen. Lebensstufen zwischen Mittelalter und Moderne. Göttingen 2010, in: sehepunkte 11 (2011), Nr. 9 [15.09.2011], URL: http://www.sehepunkte.de/2011/09/17701.html (Zugriff: 26.09.2013 20.45).

Robert Seidel: Dem eigenen Leben eine Struktur geben. Lebensphasen der Frühen Neuzeit im Spiegel autobiographischer Dokumente. Rezension zu: Kaspar von Greyerz: Passagen und Stationen. Lebensstufen zwischen Mittelalter und Moderne. Göttingen 2010, in IASLonline, 05.10.2010 URL:http://www.iaslonline.lmu.de/index.php?vorgang_id=3294 (Zugriff: 26.09.2013 20.46).

Andreas Suter: Rezension zu: Kaspar von Greyerz: Passagen und Stationen. Lebensstufen zwischen Mittelalter und Moderne. Göttingen 2010, in: H-Soz-u-Kult, 11.11.2010 URL: http://hsozkult.geschichte.hu-berlin.de/rezensionen/2010-4-106 (Zugriff: 24.09.2013 20.45).

·